Marqués de Santillana

Canciones y decires

Barcelona 2024
Linkgua-ediciones.com

Créditos

Título original: Canciones y decires.

© 2024, Red ediciones S.L.

e-mail: info@linkgua.com

Diseño de cubierta: Michel Mallard.

ISBN rústica ilustrada: 978-84-9897-393-8.
ISBN tapa dura: 978-84-1126-007-7.
ISBN ebook: 978-84-9897-135-4.

Sumario

Brevísima presentación

La vida

Marqués de Santillana (Carrión de los Condes, Palencia, 1398-Guadalajara, 1458). España.

Hijo de Diego Hurtado de Mendoza, almirante de Castilla. Su nombre original era Iñigo López de Mendoza. Perteneció a una de las más ilustres familias castellanas. Intervino en política; actuó en la corte del rey Juan II, del que en algunos momentos fue aliado y en otros enemigo; y participó en la conspiración que acabó con la caída y ejecución de don Álvaro de Luna. También en acciones contra los árabes y la nobleza levantisca (en Olmedo, 1445), por lo que obtuvo los títulos de marqués de Santillana y conde del Real de Manzanares. Dominaba el italiano, el francés, el gallego y el catalán. En su castillo de Guadalajara tuvo su célebre biblioteca, hizo copiar numerosos manuscritos y financió la traducción de muchas obras. Se rodeó de algunas de las personas más cultas de su tiempo. Santillana escribió en prosa y verso. Su obra poética estuvo influida por la tradición lírica medieval y las nuevas ideas poéticas italianas.

Infierno de los enamorados

Aquí comienza el ynfierno que fizo el señor Marqués de Santillana de los enamorados

I
       La fortuna que no cesa,
siguiendo el curso fadado,
por una montaña espesa
separada de poblado
me levó, como rrobado,
fuera de mi poderío;
así quel franco alvedrío
del todo me fue privado

II
       O vos, Musas, qu'en Parnaso
fazeys la abitación,
alli do fizo Pegaso
la fuente de perfición;
en la fin e conclusión
en el medio, comenzando,
vuestro subsidio demando
para mi propusición.

III
       Por quanto a dezir qual era
el salvaje peligroso
e recontar su manera
es auto maravilloso;
que yo nin pinto nin gloso
silogismos de poetas,
mas, siguiendo liñas rretas
fablaré non ynfintoso.

IV   Del su modo ynconsonable
non escrive tal Lucano
de la selva ynabitable
que taló el bravo romano.
Si por metros non esplano
mi prozeso, e menguare,
el que defecto fallare
tome la pluma en la mano.

V   Sus frondes comunicavan
con el cielo de Diana;
e tan lexos se mostravan,
que naturaleza humana
non se falla nin esplana
por autores en letura
selva de tan grand altura,
nin Olimpio el de Toscana.

VI   De muy fieros animales
se mostravan e leones,
e serpientes desiguales,
grandes tigres e dragones;
de sus diformes faziones
non relato por estenso,
por quanto fablar ynmenso
va contra las conclusiones.

VII   Vengamos a la corona,
que ya non rresplandescía
de aquel fijo de Latona,
mas del todo se ascondía;

e yo, como non sabía
de mí signo nin ventura,
contra rrazón y mesura
me levó do non quería.

VIII   Como nave conbatida
de los adversarios vientos
que dubda de su partida
por los muchos movimientos,
iva con mis pensamientos
que yo mismo non sabía
qual camino siguiría
de menos contrastamientos.

IX   E como el falcón, que mira
la tierra más despoblada,
e la fanbre allí lo tira,
por fazer zierta bolada,
así prise mi jornada
contra lo más azesible,
aviendo por ynposible
mi pena ser rreparada.

X   Pero no andude tanto
quanto andar me cumplía
por la noche con espanto
que mi camino ynpidía;
el propósito que avía
por estos fue contrastado,
así que finqué cansado
del sueño que me venzía.

XI

E dormi, maguer con pena,
fasta en aquella sazón
que comienza Filomena
la triste lamentación
de Teseo e Pandión,
quando ya demuestra el polo
la gentil cara de Apolo
e diurna enflamación.

XII

Asi prise mi camino
por vereda que ynorava,
esperando en el divino
misterio, a quien ynvocava
socorro. Yo que mirava
en torno por el salvaje
vi venir por el boscaje
un puerco que se ladrava.

XIII

¿Quien es que metrificando
por coplas nen distinciones,
en metros nin consonando,
tales diformes visiones
sin multitud de rrengiones
el su fecho dezir puede?
Ya mi seso retrocede
pensando en tantas razones.

XIV

¡O sabia Tesalïana!
Si la virgen Atalante
de nuestra vida mundana
puede ser que se levante,
quiría ser demandante,

guardante su cirimonia,
si el puerco de Calidonia
se mostró tan admirante.

XV   Pero tornando al vestiglo
e su diforme figura,
digna de ser en el siglo
para siempre en scriptura,
digo que la su fechura,
maguer que de puerco fuese,
nunca fue quien jamás viese
tal braveza en catadura.

XVI   E como la flama ardiente
que sus zentellas embía
en torno, de continente
de sus ojos pareszía
que los rayos desparcía
a do quier que rreguardava
e fuertemente turbava
a qualquier que lo seguía.

XVII   E como quando ha tirado
la bonbarda en derredor
finca el corro poblado
de grand funio e negror,
bien de aquel mismo color
una niebla le salía
por la boca, a do bolvía
demostrando su furor.

XVIII   E bien como la saeta

que por fuerza e maestría
sale por su liña reta
do la vallesta la envía;
por semejante fazía
a do sus puas lanzava;
asi que mucho espantava
a quien menos las temía.

XIX   Estando como espantado
del animal mostruoso,
vy venir azelerado
por el valle fronduoso
un omme, que tan fermoso
los vivientes nunca vieron,
nin aquellos qu' escrivieron
de Narziso, el amoroso.

XX   De la su grand fermosura
no conviene que más fable,
e por bien que la escritura
quisiese lo razonable
recontar, enestimable
era su cara, luziente,
como el Sol en orïente
faze su curso agradable.

XXI   Un palafrén cavalgava
muy ricamente guarnido;
la su silla demostrava
ser fecha de oro bruñido;
un capirote vestido
sobre una rropa bien fecha,

traía la manga estrecha
a guisa de omme entendido.

XXII   Traía en su mano diestra
un venablo de montero,
un alano a la siniestra
muy fermoso e más ligero;
e bien como cavallero
animoso o de coraje,
venía por el buscaje
siguiendo el vestigio fiero.

XXIII   Nunca demostró Cadino
el deseo tan ferviente
de ferir al serpentino
de la humana simiente,
nin Perseo tan valiente
se mostró, quando conquiso
las tres hermanas que priso
con el escudo enminente.

XXIV   E desque vido el venado
e los canes que fería,
soltó muy apresurado
al alano que traía:
e con muy grand osadía
bravamente lo firió;
así que luego cayó
con la muerte que syntía.

XXV   E como el que tal ofizio
lo más del tiempo seguía,

sirviendo d' aquel servizio
que a su diesa cumplía,
acabó su montería;
falagando los sus canes,
olvidando sus afanes,
cansancio e malenconía.

XXVI   Por saber más de su fecho
delibré de lo fablar,
e fuyme luego derecho
para él syn más tardar;
e maguer que avisar
yo me quisiera primero,
antes se quitó el sonbrero
que le pudiese saluar.

XXVII   E con alegre presenzia
me dixo: «Muy bien vengades».
E yo con grand reverenzia
respondí: «De la que amades
vos dé Dios, si deseades,
plazer e buen galardón,
segund fizo a Jasón,
pues tan bien vos razonades».

XXVIII   Replicó: «Amigo, non curo
de amar nin ser amado,
ca por Júpiter vos juro
nunca fuy enamorado;
e bien quel Amor de grado
asayó mi fantasía,
mas, por saber su falsía,

guardeme de ser burlado».

XXIX   Yo le pregunté: «Señor,
¿qué es esto que vos faze:
tan rrotamente d'Amor
dezir esto que vos plaze?
¿es que non vos satisfaze
servizios que le fezistes,
o por qual razón dexistes
que su fecho vos desplaze?».

XXX   Dixo: «Amigo, non querades
saber más de lo que digo;
que si bien considerades
más es obra de enemigo
apurar mucho el testigo,
que d' amigo verdadero:
mas, pues queredes, yo quiero
dezir por qué lo non sigo.

XXXI   Cyerto, soy nieto de Egeo,
fijo del duque de Athenas,
aquel que vengó a Tideo,
ganando tierras ajenas;
e soy el que las cadenas
de Cupido quebranté,
e mis naves levanté
sobre sus fuertes entenas.

XXXII   Ipólyto fuy llamado
e morí segund murieron
otros, non por su pecado,

que por fenbras padeszieron.
E los dioses, que sopieron
como yo non fui culpable,
danme siglo deletable
como a los que dignos fueron.

XXXIII   E Dïana me depara
en todo tiempo venados,
e fuentes con agua clara
en los valles apartados;
e arcos amaestrados,
con que fago ciertos tiros,
e zentauros et satyros
me demuestra en los collados.

XXXIV   Mas pues yo vos he contado
el mi fecho enteramente,
querría ser informado,
señor, si vos es plaziente,
a por qual ynconviniente
venistes, o qué fortuna
vos traxo sin causa alguna
a este siglo presente.

XXXV   Ca non es omme del mundo
que entre, nin sea osado,
en este centro profundo
e de gentes separado,
si non el infortunado
Cefalo, el que refuxo,
e al qual Dïana truxo
en el su monte sagrado.

XXXVI   E otros que ovo en Grecia
que la tal vida siguieron
e segund fizo Lucrecia
por castidat perescieron :
los quales todos vinieron
en este lugar que vedes,
e con sus canes e redes
fazen lo que allá fezieron ».

XXXVII   Respondí: «De la partida
soy donde naszió Trajano;
e Venus, que non olvida
el nuestro siglo mundano,
me di señora tenprano
en la jovenil hedat,
do perdí mi libertad,
e me fize sofragano.

XXXVIII   La fortuna, que trasmuda
a todo omme sin tardanza
e lo lieva do non cuda
desque buelve la balanza,
quiere que faga mudanza,
e tróxome donde vea
este lugar, porque crea
que amar es desesperanza.

XXXIX   Pero en esto es engañada
en pensar por tal razón
que yo faga mi morada
donde no es mi entenzión,

ca de cuerpo e corazón
me soy dado por syrviente
a quien dize que non siente
mi trabajo e perdizión».

XL   Una grand pieza cuydando
estovo en lo que dezía,
e después, como dudando:
«¡Ay dixo, qué bien sería
que siguiésedes mi vía,
por ver en qué trabajades
e la gloria que esperades
en vuestra postremería!»

XLI   E maguer que yo dubdase
el camino ynusitado,
cuydé, si lo refusase,
que me fuese rreprovado;
le dixe luego: «Pagado
soy, señor, de vos seguir
non zesando de servir.
Amor, a quien me soy dado».

XLII   Comenzamos de consuno
el camino peligroso
por un valle como enpruno
áspero, mucho fragoso,
e sin punto de reposo
aquel día non zesamos
fasta tanto que llegamos
en un castillo espantoso.

XLIII   Al qual un fuego zercava
en torno como fonsado,
que por bien que remirava
de qual guisa era labrado,
el fumo desordenado
del todo me registía
así que non diszernía
cosa de lo fabricado.

XLIV   E como el que rretrayendo
afuera se va del muro,
e del taragón cubriendo
temiendo el conbate duro,
desqu' el fumo tan escuro
yo vi, fize tal senblante,
fasta quel fermoso infante
me dixo: «Mirad seguro;

XLV   Toda vila covardía
conviene que desechemos,
e yo seré vuestra guía
fasta tanto que lleguemos
al lugar do fallaremos
la desconsolada gente,
que su deseo firviente
les puso en tales estremos.

XLVI   Ca non es flama quemante,
como quier que le paresca,
esta que vedes delante,
nin ardor que vos enpesca.
Ardimiento non peresca,

e, seyendo diligente,
pasemos luego la puente
antes que más daño cresca ».

XLVII   Entramos por la barrera
del alcázar bien murado,
fasta la puerta primera
a do vi entretallado
un título bien obrado
de letras que concluía:
«EL QUE POR VENUS SE GUÍA
ENTRE A PENAR LO PASADO.»

XLVIII   Ipólito me guardava
la cara, quando leía,
veyendo si la mudava
con temor que me ponía :
e por cierto presumía
que sí fuese atribulado,
syntiéndome por culpado
de lo que allí se entendía.

IL   Díxome: «Non rreszeledes
de penar, maguer veades
en las letras que leedes
estrañas contrariedades
ca el título que mirades
al ánima se dirije;
tanto quel cuerpo la rrige
de sus penas non temades ».

L   E bien como el que por yerro

de crimen es condenado
a muerte de cruel fierro,
e por su ventura o fado
de lo tal es delibrado,
e retorna en su salud,
así ficó mi virtud
como en mi primero estado.

LI   Entramos por la escureza
del triste lugar eterno,
a do vi tanta graveza
bien como en el ynfierno.
Dédalo, quel grand quaderno
obró de tal gumetría,
por zierto aquí zesaría
su saber, si bien diszierno.

Invocación

LII   ¡O tú, Planeta diáfano
que con tu cerco loziente
fazes al arco mundano
clarífico e prepoliente!
Señor, al caso evidente
tú me influye poesía,
porque narre sin falsía
lo que vi en modo eloqüente.

LIII   Non vimos al can Cervero
a Minos nin a Plutón,
nin las tres fadas del fiero,

llanto de grand confusión;
mas Felis e Demofón
e Canace e Macareo,
Heuródize con Orfeo
vimos en una mansión.

LIV   Vimos Paris con Thesena,
e vimos Eneas e Dido;
e con la fermosa Elena
el su segundo marido;
e más en el dolorido
tormento vimos a Ero
con el su buen compañero
en el lago pereszido.

LV   Arquiles e Polizena,
e Ypremestra con Lino,
e la doña de Rrevena,
de quien fabla el Florentino,
vimos con su amante, dino
de ser en tal Pena puesto;
e vimos, estando en esto,
a Semeramís con Nino.

LVI   Alinpas de Mazedonia,
madre del grand batallante,
Ulixes, Circe, Pausonia,
Trisbis con su buen amante,
Ercoles, e Atalante
vimos en aquel tormento,
e otros que non rrecuento,
que fueron después e ante.

LVII   E por el siniestro lado
cada qual era ferido
en el pecho, muy llagado,
de grand golpe dolorido;
por el qual fuego enzendido
salía, que los quemava;
presumid quien tal pasava
si deviera ser naszido.

LVIII   Con la grand pena del fuego
tristemente lamentavan
pero que tornavan luego
e muy manso razonavan;
e por ver de qué tratavan,
mi paso me fui llegando
a dos que vi rrazonando
que en nuestra lengua fablavan.

LIX   Las quales de que me vieron
e sintieron mis pisadas,
una a otra se bolvieron
bien como maravilladas.
«¡O ánimas afanadas,
 yo les dixe, que en España
naszistes, si no me engaña
la fabla, o fuystes criadas!

LX   Dezidme ¿de qué materia
tratades después del lloro
en este linbo e miseria,
do Amor faze su thesoro?

eso mismo vos inploro
que sepa yo do naszistes,
cómo o quando venistes
en el miserable coro?»

LXI   E bien como la serena
quando plañe a la marina,
comenzó su cantilena
la una ánima mezquina,
diziendo: «Persona dina,
que por el fuego pasaste,
escucha, pues preguntaste,
si piedat algo te inclina».

LXII   La mayor cuyta que aver
puede ningund amador
es nenbrarse del plazer
en el tienpo del dolor;
e maguer que el ardor
del fuego nos atormenta
mayor dolor nos aumenta
esta tristeza e langor.

LXIII   E sabe que non tratamos
de los bienes que perdimos
e del gozo que pasamos,
mientra en el mundo vevimos,
fasta tanto que venimos
a arder en esta flama
a do non curan de fama
nin de las glorias que ovimos.

LXIV   E si por ventura quieres
saber por qué soy penado
plázeme, porque si fueres
al tu siglo trasportado,
digas que soy condenado
por seguir d'Amor sus vías;
e finalmente Mazías
en España fuy nonbrado.

LXV   Desque vi su conclusión
e la pena abominable,
sin fazer luenga razón,
respondí: «Tan espantable,
es el fecho perdurable,
Mazías, que me recuentas
que tus esquivas tormentas
me fazen llaga incurable.

LXVI   Pero como el soberano
solo puede rreparar
en tales fechos, hermano,
plega te de perdonar:
que ya no me da lugar
el tiempo a que más me tarde ».
Respondióme: «Dios te guarde,
el qual te quiera guiar».

LXVII   Bolvíme por do veniera
como quien non se confía,
buscando quien me truxiera
en su guarda e conpañía;
e maguer que en torno avía

las ánimas que recuento,
non lo vi, nin fuy contento,
nin supe qué me faría.

LXVIII   E bien commo Ganamedes
al zielo fue rebatado
del águila que leedes,
segund vos fue demostrado,
bien así fuy yo levado
que non sope de mi parte,
nin por qual manera e arte
fuy de aquel centro librado.

FIN

    Así que lo procesado
de todo amor me desparte;
nin sé tal que no se aparte
si no es loco provado.

Triunfete de amor

Otro tractado e dezir del señor Marqués de Santillana

I   Siguiendo el plaziente estilo
a la dïesa Diana,
pasada, zerca dun filo,
la ora meridïana
vi lo que persona umana
tengo que jamás no vio
ni Valerio que escrivió
la grand estoria romana.

II   Ya salía el agradable
Mayo mostrante las flores
e venía el inflamable
junio con grandes calores :
incesantes los discores
de melodïosas aves,
oí sones muy süaves
triples, contras e tenores.

III   Aflegido con grand fiesta,
segudando los venados,
entrado en una floresta
de frescos e verdes prados,
dos coseres arrendados
zerca d'una fuente estavan,
de los quales non distavan
los pajes muy arredrados.

IV   Vestían de azeytuní
        cotas bastardas bien fechas,
        de un fino carmesí
        raso, las mangas estrechas;
        las medias partes derechas
        de vivos fuegos bordadas,
        e las siniestras senbradas
        de goldres llenos de flechas.

V   Quise saber su vïaje,
        e con toda diligenzia
        abrevié por el boscaje
        el paso sin detenencia.
        Con rretórica eloqüenzia
        vinieron de continente
        a me saluar sabiamente,
        denotando su prudenzia.

VI   Díxeles, en respondiendo
        segund modo cortesano,
        omillmente proponiendo:
        «El Potente soberano
        vos influya en el mundano
        orbe de felicidat
        premio de rica bondat,
        que es el galardón humano.»

VII   Pregunté sin dilación:
        «Señores, ¿dó es vuestra vía?»
        Mostrando grand afeción,
        pospuesta toda fullía,

dixieron sin villanía:
«A nos plaze que sepades
aqueso que preguntades,
usando de cortesía.

VIII   Sabed que los trïunfantes
en grado superïores
onorables dominantes
Cupido, Venus, señores
de los nobles amadores,
delibraron su pasaje
por este espeso salvaje
con todos sus servidores.»

IX   Non pude aver conclusión
aunque los vi ser placientes
de me tornar responsión
con graciosos continentes,
por grant multitud de gentes
que entraron en la montaña:
ya tan fermosa conpaña
non vieron onbres bivientes.

X   Non crió naturaleza
rreyes nin enperadores
en la baxa redondeza,
nin dueñas dignas de onores,
poetas nin sabidores,
que non vi ser aguardantes
a estos dos illustrantes,
dios e dïesa d'amores.

XI

Allí vi a magno Ponpeo
e a Zipión el Africano,
a Menbrot e a Perseo,
Paris, Etor el troyano,
Aníbal, Urbio Trajano
Arquiles, Pirro, Jasón,
Ércoles, Craso, Sansón,
e César Otavïano.

XII

Vi al sabio Salamón,
Euclides, Séneca e Dante,
Aristótiles, Platón,
Virgilio, Oracio amante
al astrólogo Atalante,
que los cielos sustentó
segund lo rrepresentó
Naso metaforisante.

XIII

Vi otros que sobreseo
por la grand prolixidad,
aunque manifiesto veo
ser de grand autoridad;
vi a la grand deïdad
diafana e radïante,
a quien jamás igualante
non vieron en dinidad.

XIV

En la qual se demostrava
ser monarca de potentes
prínzipes, que a sí levava,
e sabios muy traszendentes:
vile de piedras fulgentes

muy luzífera corona,
más clara que non la zona
de los signos transparentes.

XV   Paresció luego siguiente
un carro triunfante, neto,
de oro resplandesziente
a modo fecho discreto :
por ordenanza e decreto
dos señores arreantes,
quatro coseres amblantes
lo llevavan plano e reto.

XVI   En él por admirazión
me quiso mostrar Fortuna
la grand clarificazión,
más cándida que la Luna,
Venus, a quien sola una
non vi por aquivalente
discreta, sabia, prudente,
digna de zelsa tribuna.

XVII   Vi anzillas sofraganas,
vestidas de la librea
d'aquellas flechas mundanas
que mataron a Medea:
vi a la Pantasilea,
Dayni, Fedra, Adrïana,
vi la discreta troyana
Brezaida, Dacne Penea.

XVIII   Vi a Dido, Penélope,

Andrómaca, Pulicena,
vi a Felis de Rodope,
Ansiona et Filomena :
vi Cleopatra e Elena,
Semele, Clause, Enone,
vi Semeramís e Prone,
Ysifle, Palas e Almena.

XIX

Por espreso mandamiento
de la diesa honorable,
sin otro detenimiento
una dueña muy notable
enbrazó el arco espantable,
e firióme tan syn duelo
que luego caí en el suelo
de ferida inrreparable.

XX

Me vi ferido a muerte
de la frecha infecionada
de golpe terrible e fuerte,
que de mí non sope nada;
por lo qual fue ocultada
de mí la visyón que vía,
e tornóse mi alegría
en tristeza infortunada.

FIN

Non puede ser numerada
mi cuyta desde aquel día,
que vi la señora mía
contra mí desmesurada.

El sueño

Aquí comienza otro tractado que fizo el señor Marqués

I   Oigan, oigan los mortales,
oigan e prendan espanto,
oigan este triste canto
de las batallas campales,
quel amor tan desiguales
ordenó, por me prender:
oigan, si quieren saber
los mis ynfinitos males.

II   ¿Qué vale humana defensa
a divino poderío?
El que asaya desvarío,
reszibir espera ofensa.
Desque la fiama es estensa
e zircunda los sentidos,
sus remedios son gemidos,
cuyta e dolor ynmensa.

III   Mares, tú seas presente
inflamado, rubicundo,
pagado, non furibundo,
porqu'e tu favor sustente
la mi mano, e represente
el mi caso desastrado,
e mi corazón plagado
con espada furïente.

IV   Commo yo ledo viviese
e sin fatiga mundana,
e la cruel, inhumana
fortuna lo tal syntiese,
ordenó que me siguiese
esta enemiga malvada
amor con tan grand mesnada,
a quien yo non registiese.

V   Mas por eso non zesaron
los fados de me mostrar,
a fin de lo evitar,
más daños, que non tardaron;
que las tres Furias cantaron
con la tronpa de Tritón,
e con tan triste canzión
el mi sueño quebrantaron.

VI   En el mi lecho yazía
una noche a la sazón
que Bruto al sabio Catón
demandó cómo faría
en las gentes que bolvía
el suegro contra Pompeo
segund lo cuenta el Anneo
en su gentil pohesía.

VII   Al adverso de Faetón
por lo más alto del zielo
veía fazer su buelo
con estensa operación;

acatando en Escurpión
su luzífera corona,
discurriendo por la zona,
a la parte de Aquilón.

VIII   En aquel sueñ m vía
dentro en diá claro, lumbroso
en un vergel espaciso
reposar con alegría:
el qual jardín me cobría
de solaz de olientes flores,
do circundan rruyseñores
la perfecta melodía.

IX   E mas, vide que sonava
en un gracioso estormente,
no cuytosa, mas plaziente
muy dulzemente cantava.
En tal guisa me fallava
yo como quando a Theseo
ynplorava Piriteo,
porque Trizia reposava.

X   Non mucho se dilató
esta próspera folgura,
que la mi triste ventura
en proviso lo trocó;
e la claridad mudó
en nubosa escuridad,
e la tal felicidad
como sombra se pasó.

XI   Oscuras nuves trataron
         mis altos comidimientos;
         Eolo soltó los vientos
         e cruelmente lidiaron;
         nieblas de grajas zerraron
         el ayre de tal negror
         que de su mesmo color
         el zielo todo enfoscaron.

XII   E los arboles sonbrosos
         del vergel ya recontados
         en punto fueron mudados
         en troncos fieros, ñudosos,
         e los cantos melodiosos,
         en clamores redundaron,
         e las aves se tornaron
         en áspios pozoñosos.

XIII   E la farpa tan sonosa,
         que tal retinto tenía,
         en sierpe se convertía
         de la grand sirte arenosa:
         e con rrabia viperosa
         mordió mi siniestro lado;
         ansí que finqué turbado
         con angustia rangoxosa.

XV   Las tinieblas despendidas,
         e el alva parescía,
         quando el sueño se desvía
         e fuye de las manidas;
         oí en todas las partidas

nuevas como aperzebía
Amor toda su valía
de las gentes favoridas.

XVI   Mi corazón sospechoso
terreszió d'aquella fama,
e bien como bulle flama
con el encendio fogoso,
andava todo quexoso
por surtir de la clausura,
do lo puso por mesura
la mano del Poderoso.

XVII   Mi seso redarguyendo
al ayrado corazón,
comenzole tal razón
mansamente proponiendo:
-«Corazón, tú vas temiendo
los sueños, que no son nada,
e destruyes tu alvergada
por lo que yo non entiendo.

XVIII   »-Seso, non me contradigas,
que los sueños non son vanos;
a muchos de los humanos
revelan sus enemigas:
en Egipto las espigas
e las vacas demostraron,
ciertamente denunciaron
las sus estrechas fatigas.

XIX   »-Corazón, del todo veo

que buscas alteraziones
e sufísticas fiziones
con muy sotil acarreo;
porque creas si no creo
que los sueños son verdat;
pero tal zertinidat
es vesyble devaneo.

XX
»-Seso, si tú bien pensares
los fechos de Rrufo Arterio,
e por Máximo Valerio
con diligencia pasares,
fallarás, si lo buscares,
anunziar la fantasía
lo que por derecha vía
avino en muchos lugares.

XXI
Non me conviene olvidar
a Alexandre en esta parte,
nin de tal caso que aparte
a Ulixes e Almilcar;
los quales sin lo pensar
estos todos tres soñaron
los males por do pasaron
sin lo poder remediar.»

XXII
Ya mi seso concluido,
falleszido de razones
ca las vivas conclusiones
perturban todo sentido,
razonó desfavorido,
diziendo: -«Corazón, dy

ca del todo plaze a mí,
e siguiré el tu partido».

XXIII   Difinida la porfía
de los dos que letigaron,
mis sentidos reposaron,
como nave quando zía;
e entendí que me cumplía
el tal caso bien pensar
e morir e defensar
libertat que poseía.

XXIV   Así me partí forzado
syn otro detenimiento;
ca dolor e sentimiento
non ha día reposado;
nin puede ser segurado
el corazón afligido
sy themor ha conzebido
fasta ser asegurado.

XXV   ¿Cuál o quién espresaría
quales fueron mis jornadas
por selvas ynusitadas
e tierras, que non sabía?
Pero en el octavo día
cavalgando por un monte
quando el padre de Fetonte
sus clarores recluía;

XXVI   Un omme de buen semblante,
del qual su barva e cabello

era manifiesto sello
en hedat ser declinante
a la senectud bolante,
que a la noche postrimera
nos trahe por la carrera
de trabajos abundante.

XXVII   Por aquel monte venía
honestamente arreado,
non de perlas, nin brocado,
nin de neta orfebrería;
mas hopa larga vestía
a manera de zïente
e la su fablar prudente
al ábito conseguía.

XXVIII   Desque nos fuimos llegando,
él dixo : «Muy bien vengades,
buen señor». «E vos fagades»
le respuse, abreviando.
Tanto que me fue mirando,
preguntome dó venía,
o qual camino fazía,
alegre cara mostrando.

XXIX   Respondí: «De la zibdad
parto, do faze morada
la que es yntitulada
por nombre Tranquilidad;
e fuyo, a la crueldad
de un sueño que me conquiere,
e me combate, e me fiere

syn punto d'umanidad».

XXX
Con aquel amor firviente
que buen médico pregunta
al que padesze, e apunta
la dolor e mal que siente,
así el varón potente
del todo quiso entender
mi sueño, por diszerner
lo futuro ziertamente.

XXXI
El poético fablar
pospuesto, le fuy narrando,
e mi fecho recontando
quanto más pude abreviar,
syntiendo de alcanzar
el vero significado
del sueño, que fatigado
me pusiera en tal pensar.

XXXII
Del propio color mudado
comenzó: -«Si las estrellas
non mudan el curso dellas,
non podedes ser librado
de batalla, o guerreado
de Amor; quél no segura,
e da por plazer tristura,
e penas por gasajado ».

XXXIII
Mas como quier que seamos
governados por Fortuna,
quédanos tan solo una

razón, en que proveamos:
de la qual, si bien usamos,
anula su señorío :
éste es libre alvedrío,
por donde nos governamos.

XXXIV   Así buscad la dïesa
Dïana de castidat
e con ella consultad
el fecho de vuestra presa;
ca ella sola revesa
los dardos que Amor enbía,
e los apaga e resfría
así quel su favor cesa.

XXXV   -«Buen señor, de llano en llano
le dixe, como mandades
faré, pues me consejades
consejo seguro e sano.
Mas, por el Dios soberano,
vuestro nombre sepa yo.»
Respúsome : -«Amigo, so
Theresías, el Tebano».

XXXVI   Non tanta diligenzia
los Agenores buscaron
la hermana, que les robaron
por oculta fraudulenzia,
como yo con grand femencia
me dispuse a trabajar
con voluntad de fallar
la deífica potenzia.

XXXVII   Mas como el perseverado
trabajo con aspereza
sojudgue toda graveza
e venga al fin de deseado,
cavalgando por un prado
pinto de la primavera,
d' una plaziente ribera
en torno todo cercado.

XXXVIII   Vi fermosa montería
de vírgines que cazavan,
que los Alpes atronavan
con la su grand bozería;
e si heco respondía
a sus discordantes vozes,
presume, letor, si gozes,
que trabajo syntiría.

XXXIX   De cándidas vestiduras
eran todas arreadas,
en herizos aforradas
con fermosas bordaduras:
chapas e ricas zinturas
sotiles e bien obradas;
de gruesas perlas ornadas
las ruvias cabelladuras.

XL   E vi más, que navegavan
otras donzellas en barcos
por la ribera; con arcos
maestramente tiravan

a las bestias que forzavan
las armadas e fuían
allí donde se entendían
guareszer, mas acabavan.

XLI   ¿Quién los diversos linajes
de canes bien enseñados,
quién los montes elevados,
quién los fermosos buscajes,
quién los vestiglos salvajes
que allí vi recontaría?
do Homero se fartaría
si sopiera mill lenguajes.

XLII   De la gentil conpañía
una donzella corrió
al lugar donde me vio,
la qual quiso do venía
saber: con tal cortesía
yo le respuse: «Donzella,
yo vengo buscar aquella
que limpia castidad guía».

XLIII   La ninfa, non se tardando,
me levó por la floresta
do era la muy honesta
virgen, su monte ordenando:
tanto que me fuy llegando
recordeme de Anteón;
e de semblante ocasión
con themor yva dudando.

XLIV   Mas desque fuyme entrando
por unas calles fermosas,
las quales murtas e rosas
cobrián odorificando,
poco a poco separando
se fue la themor de mí,
mayormente desque vi
lo quevo metrificando.

XLV   E fuímonos azercando
donde la dïesa estava
do mi viso fazelava
en su fulgor acatando.
Concluyo determinando
quel animal basileo
e la vista del linceo
la miraran titubando.

XLVI   Pero después la pureza
de la su fulgente cara
demostróseme tan clara
como fuente de belleza.
Sin duda naturaleza,
si divinidad cesara
tal obra non acabara
nin de tan grand sotileza.

XLII   Abreviando mi tratado,
non descrivo las faciones,
ca largas difiniciones
a pocos vienen de grado :
a la cual muy inclinado

reconté la mi dolor,
suplicándole favor
por no ser dapnificado.

XLVIII   Respuso de continente,
mi prozeso relatado:
-«Amigo, perded cuydado
de ningunt inconviniente;
ca vos avedes tal gente
e de tales capitanes,
que a todos vuestros afanes
se dará buen espidiente ».

IL   Perfecta, tan elevada
non la fizo emperador,
nin la gente d'Onosor
le deve ser conparada
qual a mí fue demostrada
a batalla conviniente,
de la dïesa potente
la fabla determinada.

L   Ya tantas gentes ni tales
pujantes nin tan armadas
en estorias divulgadas
non fallo, nin sus iguales;
por do vy ser espeziales
los divinos mandamientos,
e como sus pensamientos
con efectos azidentales.

LI   De las huestes he leído

que sobre Troya venieron,
e quántas e quáles fueron,
segund lo recuenta Guido;
e non menos he sabido
por Dayres sus defensores;
e sus fuertes valedores
Dite los ha resumido.

LII   Yo leí de Agamenón
el que conquirió a Turquía,
e de la cavallería
que traxo so su pendón;
e de Ajax Talamón,
e del fijo de Peleo,
aquel que fizieron reo
de la muerte de Menón.

LIII   E del antiguo Nastor
leí e de Menelao,
e del grant Proteselao,
animoso e feridor,
e del sotil narrador
Ulixes e Polidamas,
e sus gestas leí amas
segund las pinta el autor.

LIV   E leí de Sarpedón
e del duque Monesteus,
de Castor e de Peleus,
e del muy fiero Clirón :
e del notable varón
Pirro, que mucho loaron;

e de otros, que arribaron
al Puerto de Tenedón.

LV
De Príamo el virtuoso,
de Etor e sus hermanos,
ya pasaron por mis manos
sus estorias con reposo:
non metaforo nin gloso
en el trágico tratado;
pero yo non he fallado
tal tropel, nin tan fermoso.

LVI
Prestamente los collados
e llanos de la montaña
fueron llenos de compaña
de amigos e alïados :
los pendones desplegados,
las vanderas, estandartes,
non tardaron amas partes
desque aquí fueron llegados.

LVII
Ya sonavan los clarones,
e las trompetas bastardas,
claronías e bonbardas
pasavan distintos sones:
las baladas e canziones
e rrondeles que fazían
bien atarde los oían
los turbados corazones.

LVIII
Las enseñas demostradas,
se movieron las planetas

en ordenanzas discretas
e batallas ordenadas;
por escuadras bien regladas
comenzaron la batalla,
tan cruel que non se falla
ninguna de las pasadas.

LVI   La perfecta Fermosura
súpitamente corrió
mi tropel, e lo rompió
con tan gentil catadura,
que sin vergüenza e mesura
luego nos desbaratamos,
e nos dimos e entregamos
a su capitán Cordura.

LVII   Cierto non tardó Destreza,
mas, como sabia guerrera,
firió por la costanera
con tan inica ardideza,
que la mi ruda Pereza
e pesado Ynpedimento
fuyeron sin ningún tiento
perseguidos de Nobleza.

LVIII   Bel Donayre e Joventud
ronpieron por otra parte;
así que nuestro estandarte
cayó sin toda virtud;
la bondat e multitud
de gente que se convenga,
non sé tal que se detenga,

mayormente en solitut.

LIX   Yo vi leona indignada
sobre fijos, e raviosa;
e la piedra impetuosa
del záfiro congelada;
e de la tigre ensañada
en la Thebaida leí,
e su ferocidat vi
en estorias, e pintada.

LX   E la ravia de Panteo
leí, e de Tesifone,
e de la sañuda Prone
en el crimen de Tereo;
pero yo nin vi nin veo
de tal yra cual ardió
Dïana, desque sintió
la destroza del torneo.

LXI   E movió con la vandera
de su reguarda delante,
como la bestia rrapante,
quando se faze más fiera;
mal trayendo la primera
batalla, que así caída,
desbaratada e venzida,
le fabló en tal manera :

LXII   «¡O gente desacordada,
cuya fama se destruye,
e de quien vergüenza fuye

e virtud es separada;
ya muerte fuera pasada
y libertat defendida;
pues pensad quál es La vida
para siempre desonrada.

LXIII   E si non es denegada
de Mares la tal vitoria
non queramos ver la gloria
de Venus esta vegada:
fenescamos por espada,
que es el sepulcro veril,
toda terror femenil
escluída e despachada.»

LXIV   De tal sermón provocados
y a batalla traídos,
bien así los perseguidos
como presos e llagados,
firvientes e inflamados,
retornamos por tal son
qual Zésar el Rubicón,
todos themores dexados.

LXV   Inmensa fue la porfía
e dubdoso el venzimiento
de la vuelta que recuento;
e non se reconoszía
destas gentes quál avría
la fortuna favorable;
ca fecho tan espantable
¿quién lo determinaría?

LXVI   Pero Diana fería
con tanta furia e rigor,
que fazía grand pavor
a todo ome que lo vía,
e dañava e non temía
los adversarios crueles
e buscava los tropeles
e en más saña se enzendía.

LXVII   El fijo Ascanio, que a Dido
onesta vida robó,
sin orden se recluyó
en la batalla venzido;
e con un grand alarido
Venus, Júpiter e Juno
socorrieron de consuno
al fraudulente Cupido.

LXVIII   E las hazes se movieron
de su batalla seguidas,
de campañas tan guarnidas
que los mis ojos non vieron;
e por tal modo firieron
e con saña tan ardida,
que Diana fue venzida
e las mis hazes ronpieron.

LXIX   Por el poeta mantuano,
no Ovidio, Séneca, Austacio,
Pánfilo, Catón, Orazio,
Omero e Tus? romano,
nin por Tulio nin Lucano,

tanta sangre derramada
non puede ser recontada,
pues ¿cómo podrá mi mano?

LXX   De mortal golpe llagado
en mi pecho, e mal ferido,
en el campo amortecido
yo finqué desconsolado;
e prestamente robado
yo fui como Proserpina,
e de Cupido e Ziprina
a pensamiento entregado.

FIN

       Del qual soy apresionado
en grandísimas cadenas,
do padezco tales penas
que ya non vivo, cuytado.

Decir contra los aragoneses

I
     Uno piensa'l vayo
e otro el que l'onsilla :
non será grand maravilla,
pues tan cerca viene el Mayo,
que se vistan negro sayo
navarros e aragoneses,
e que pierdan los arneses
en las faldas de Moncayo.

II
     El que arma manganilla
a las vezes cae nella:
si s' enziende esta zentella,
quemará fasta Zezilla.
Los que son desta cuadrilla
suenan siempre e van sonando,
e quedarse han santiguando
con la mano en la maxilla.

III
     Tal se piensa santiguar
que se quebranta los ojos:
son peores los abrojos
de cojer que de sembrar:
ni aun por mucho madrugar
no amaneze mas aína;
    ina
a las vezes faz pecar.

IV
     Muchos muestran ardideza
e cobriendo grant desmayo;

aunque plaza canta Payo
de questa en su cabo reza.
El escaso con franqueza
da lo ajeno a montones;
los que son cuerdos varones
ríense de tal simpleza.

FIN

Pues enfinge de proeza,
todo' mundo es opiniones:
pero sus consolaziones
todas serán con tristeza.

Visión

Otro dezir del señor Marqués de Santillana

I
    Al tiempo que va tranzando
Appolo sus crines d'oro
e recoje su thesoro
contra el orizonte andando,
e Dïana va mostrando
su cara resplandeziente,
me fallé cabe una fuente,
do vi tres dueñas llorando.

II
    Titulivio sobresea,
allá do fabla de Canas,
del planto de las romanas;
que non es ni fue quien vea,
nin por escritura lea
tal duelo como fazían;
e tan fuerte se firían,
que non es quien bien me crea.

III
    Yo leí de las hermanas
e mujer de Campaneo,
que vinieron a Theseo
quando las guerras tebanas,
e leí de las troyanas
quando su destruición;
pero tal lamentazión
non vieron gentes humanas.

IV   La una dellas vestía
de tapete negro hopa;
la segunda una rropa,
que de zafir parescía;
e la tercera traía,
e de damasco bien fecha,
una cota bien estrecha
al lugar do se ceñía.

V   Desque vi tal estrañeza
díxeles con reverenzia:
«Dueñas de grand excelenzia,
dezid, por vuestra nobleza,
¿qual es la causa o crueza
por que tan fuerte plañides,
e vuestras caras ferides
con tan extrema graveza?»

VI   Con senblante doloroso
me respuso la primera:
«Amigo, de tal manera
es el mundo cauteloso,
que bivienda nin reposo
en España non fallamos;
así que nos apartamos
en este valle espantoso.»

VII   Yo les repliqué, diziendo:
«Los vuestros nonbres querría,
señoras, si vos plazía,
saber, porque non entiendo,

maguer estó comidiendo,
natural razón alguna
por que vos niegue Fortuna
su favor, non meresziendo.»

VIII   «Amigo dixo, Firmeza
es mi nombre por verdat,
e mi hermana es Lealtat,
amiga de la nobleza;
raíz de toda lindeza,
esta otra es Castidad,
conpañera de honestat
e socorro d'ardideza.»

IX   El fecho bien entendido
de las tres dueñas quien eran,
e por quál rrazón vinieran
en tan estrecho partido,
de muy grand piedat movido
non les pude más dezir,
e comenzé a seguir
el su planto dolorido.

X   Pero desque fuy cansado
de llorar, dixe: «Señoras,
como aquel que todas oras
vos amó servir de grado,
yo vos cuydo aver buscado
muy conveniente lugar,
donde podredes fallar
rreposo e buen gasajado.

XI
»Señoras, saber devedes
que yo amo ciertamente
la dueña más excelente
que en el mundo fallaredes;
en quien todas tres avedes
mayor parte qu'en Lucrezia,
nin en las ninfas de Grezia:
id, buscadla; non tardedes.

XII
»A la qual señora mía
las virtudes cardinales
son sirvientes espeziales
e le fazen conpañía:
la moral filosofía
jamás non se parte della,
con otra gentil donzella,
que se llama Fidalguía».

XIII
Las tres dueñas acordaron
en fazer lo que dezía;
e yo les mostré la vía,
e ellas creo no tardaron
de llegar a do fallaron
la donna más vyrtuosa,
que por texto nin por glosa
se falla en las que loaron.

FIN
De aquel que solo dexaron
en la pena congoxosa
non sabe dezir la prosa
sy gelo recomendaron.

El planto de la reina Margarida

Coplas que fizo el Marqués por la muerte de la Reyna
donna Margarida

I   A la hora que Medea
su sziencia profería
a Jasón, quando quería
asayar la rica prea,
e quando de grado en grado
las tinieblas an rrobado
toda la flama febea,
vime del todo arrobado.

II   Vi la cámara, do era
en mi lecho reposando,
bien tan clara como quando
noturnal fiesta se espera;
e vi la gentil dïesa
d'Amor, pobre de lïesa
cantar commo endechera :

III   Venid, venid, amadores,
de la mi flecha feridos,
e sientan vuestros sentidos
tormentos, cuytas, dolores;
pues que la muerte llamar
ha querido e rebatar
la mejor de las mejores.

IV   Qual la fija de Croante
tornó con el mensajero
su gesto, de plazentero
en doloroso senblante;
el qual de Colcas dezía
nuevas, por donde sentía
non le ser Jasón constante;

V   Atal, fuera de mi seso,
me llevó como sandío
sin fuerza e sin alvedrío
bien como el centauro Neso
del grand Hércoles ferido;
e con muy triste gemido
le dixe: «Señora, en peso ».

VI   Avedes puesto mi vida,
si luego non me dezides
cuál es la que vos plañides,
que desta vida es partida;
sy es aquella que yo amo,
cuyo servidor me llamo,
o la rreyna Margarida.

VII   Con tal cara, qual rrespuso
al marido Colatino
la rromana que Tarquino
forzó, por do fue confuso,
me dixo, triste llorando:
«Dezid, amigo, ¿de quándo
sabedes mi mal yncluso?»

VIII   Díxele: «Non entendades,
señora, que vos lo diga
porque lo sepa, nin siga
arte alguna si pensades;
mas por quanto fizo Dios
esmeradas estas dos
en fermosura e bondades».

IX   Así que yo vos suplico,
señora, que me digades
quál es la que vos llorades
destas dos que vos explico.
-«¡Ay, amigo, non temades,
me dixo; que la que amades
viva es; vos zertifico.»

X   Tornó al esquivo planto,
como de cabo, diziendo:
«Venid, non vos deteniendo;
e resuene vuestro llanto
en los cóncavos peñedos;
e tornad tristes los ledos
amadores, en espanto.»

XI   Como el profeta recuenta
que las tronpas judiziales
surgirán a los mortales
con estraña sobrevienta;
bien así todos vinieron
aquellos que Amor siguieron
de quien se faze grand cuenta.

XII
        Allí fueron los romanos
    con banderas rozagadas,
    e las fenbras muy loadas
    de los pueblos syzianos;
    allí fueron los de Athenas
    e la reyna de Micenas,
    e fueron los asïanos.

XIII
        Allí fueron los de Ymonia,
    e Layo con los thebanos,
    Marcelo con los toscanos,
    e gentes de Macedonia;
    e fueron cartageneses,
    los turcos e los rrodeses
    e Menbrot de Bavilonia.

XIV
        Allí fueron las loadas
    e notables amazonas,
    sus cabezas sin coronas,
    sus caras defeguradas.
    Allí vino el rrey Oeta
    e Minos con los de Creta,
    con sus hazes ordenadas.

XV
        ¿Cuál lengua recontará
    el su triste desconsuelo,
    nin podrá dezir tal duelo?
    ¿o quál pluma escrivirá
    por cursos de pohesía
    el remor que se fazía?
    O ¿quien los declarará?

XVI   E la dïesa mandava
a todos como feziesen,
e de qué guisa plañesen
aquella que tanto amava;
maldiziendo la ventura
por que tal gentil figura
deste siglo se apartava.

XVII   Ciertamente non se falla
qu' en el grand tenplo d'Apolo,
por el que sostuvo solo
a Dardania por batalla,
tales duelos se feziesen,
maguer que los escriviesen
por extremidad sin falla.

XVIII   Ya las estrellas cayentes
denunciavan la mañana,
e la claridad cercana
se mostrava a los bivientes;
así que desque la vieron,
luego desapareszieron,
e non me fueron presentes.

FIN

        Reyes ínclitos, potentes
pues los muertos la plañeron,
fazed vos como fizieron
aquellas insignas gentes.

El planto de Pantasilea

I

    Yo sola membranza sea,
enxenplo a todas personas,
la triste Pantasilea,
reyna de las amazonas.
Ector, que gloria posea,
amé, por donde muriese;
e el triste que amar desea
ya mi planto e fin oyese.

II

    Sola yo, reyna amazona,
naszí porque amar deviese
Ector más que otra persona;
¡cuytada, nunca lo viese!
Sola yo, la mal fadada,
quiso Amor que fenesziese
amando, e non fuese amada,
nin quien amé conossziese.

III

    Por fama fuy enamorada
del que non vi en mi vida;
por armas venzí ¡cuytada!
e fuy por fama venzida.
Yo vengué la reyna Orithia
d'Hércules e Menelida,
domé la gente de Scythia
salvaje, ensoberveszida.

IV

    Di venganza de Theseo
a Ypólites ofendida;

venzí al rey Oristeo,
cobré la Syria perdida.
En estorias, quantas leo,
non fallé quien me venziese,
salvo Amor e buen deseo
de un solo que bien quisiese.

V
    Sintiendo por quien moría
la cruel guerra en que fuese,
partí de mi señoría,
valer lo que me valiese.
Faziendo la luenga vía
contra las partes de Frigia,
las buelfas mortal fería
en el desierto de Lydia.

VI
    Los alarbes combatía,
vencí los fuertes syrenios,
gané por donde venía
fasta los montes armenios.
Caminando en claro día,
deseo que me guiava,
vi Troya do parescía
e sus torres demostrava.

VII
    Tanta fue mi alegría
qual la del que bien amava;
cada paso que movía,
plazer se me acreszentava.
Vi la grand cavallería
e gente muy ordenada
de los griegos, que movía

por me vedar el entrada.

VIII   A las oras yo sandía
por ver el que deseava,
¿qué fechos d'armas fazía,
e de qué son peleava!
E ya el Sol se retrahía
e la hueste bien reglada,
quando Amor e su valía
les ganamos la jornada.

IX   Yo venziendo, ¿qué temía?
Siempre teme quien bien ama,
que en tal son non plazería
al poseedor de la fama.
Perlas, oro, orfebrería
vestí a la puerta Tymbrea,
verde e blanca chapería
mis donzellas por librea.

X   ¡Con qué honor me rescebía
Príamo, rey soberano,
duques, que non conoszía,
reyes e pueblo troyano!
Ector solo falleszía :
sin pena nin gloria alguna,
quando reynar entendía,
la rueda volvió Fortuna.

XI   E saliendo a reszebirme
el buen Rey e su conpaña,
non pudo más encobrirme

su dolor, que era tamaña.
E sospirando por ver
el ome que bien quería,
respondióme: «Tu plazer
oy fenesze en este día».

XII   Mares, diésteme vittoria,
que las batallas venziese,
porque quedase memoria
después que yo fenesziese.
Siendo alegre e plazentera
con el gusto que esperava
de Ector, que muerto era
a mí la nueva llegava.

XIII   ¡O maldita sea la fada,
cuytada, que me fadó!
¡O madre desventurada
la que tal fija parió!
Amazona, reyna triste,
del dios d'Amor maltractada,
en fuerte punto nasziste,
o en algún ora menguada!

XIV   ¡O triste, mejor me fuera
que nunca fuera naszida:
a lo menos non oviera
la muerte tan conoszida;
cuytada e triste seyendo,
en mi fortuna pensando,
mi cuyta e dolor plañiendo,
con dios d'Amor razonando.

XV   Venus, seguiendo tu estoria,
en mi daño consintiendo,
hasme levado la gloria
d'amores que non entiendo.
Venus, de tanto servizio
que te fize atribulada,
de oración e sacrificio
¿qué gualardon he sacada?

XVI   ¡O triste yo, sin ventura!
¡Un amor tan deseado
la muerte, que non se cura,
avérmelo así robado!
Maldito sea aquel día,
Arquiles en que nasziste!
Buen Ector ¿qué te fazía,
que tanto mal me feziste?

XVII   ¡O reyna!, ¿dó tu gemido,
tu suspiro e tu quebranto?
Corazón endureszido,
¿cómo no mueres d'espanto?
Señor, mientra tú viviste,
de mí fuste bien amado;
agora que feneziste,
nunca serás olvidado.

XVIII   El buen Ector enterrado
donde quiera que estoviese
de mí será acompañado,
cuytada, mientra viviese.

¡O reyna desconsolada!
Sé que me puedo llamar
la más triste apasionada
de quantas saben amar.

XIX   E aquellas que non te amaron,
señor, como yo te amé,
de sola vista gozaron
¡mezquina! que non gocé.
¡Bien escura fue mi suerte,
mi quebranto e mi dolor!
Non deve refusar muerte
la que pierde tal señor.

XX   A mis cuytas remediava
coidando resurgería;
mas quando bien lo mirava,
mayor planto e cuyta avía.
E ya el día falleszía
e la noche se azercava,
mi alma se escurezía
e mi plazer s'apocava.

FIN

Porque partir me fazían
de do el buen Ector estava,
mis dolores más creszían
e mi pesar s'alargava:
de la gran pena que avía
lo más que me consolava
era que presto morría
segunt el mal que pasava.

Libros a la carta

A la carta es un servicio especializado para
empresas,
librerías,
bibliotecas,
editoriales
y centros de enseñanza;
y permite confeccionar libros que, por su formato y concepción, sirven a los propósitos más específicos de estas instituciones.

Las empresas nos encargan ediciones personalizadas para marketing editorial o para regalos institucionales. Y los interesados solicitan, a título personal, ediciones antiguas, o no disponibles en el mercado; y las acompañan con notas y comentarios críticos.

Las ediciones tienen como apoyo un libro de estilo con todo tipo de referencias sobre los criterios de tratamiento tipográfico aplicados a nuestros libros que puede ser consultado en Linkgua-ediciones.com.

Linkgua edita por encargo diferentes versiones de una misma obra con distintos tratamientos ortotipográficos (actualizaciones de carácter divulgativo de un clásico, o versiones estrictamente fieles a la edición original de referencia).

Este servicio de ediciones a la carta le permitirá, si usted se dedica a la enseñanza, tener una forma de hacer pública su interpretación de un texto y, sobre una versión digitalizada «base», usted podrá introducir interpretaciones del texto fuente. Es un tópico que los profesores denuncien en clase los desmanes de una edición, o vayan comentando errores de interpretación de un texto y esta es una solución útil a esa necesidad del mundo académico.

Asimismo publicamos de manera sistemática, en un mismo catálogo, tesis doctorales y actas de congresos académicos, que son distribuidas a través de nuestra Web.

El servicio de «libros a la carta» funciona de dos formas.

1. Tenemos un fondo de libros digitalizados que usted puede personalizar en tiradas de al menos cinco ejemplares. Estas personalizaciones pueden ser de todo tipo: añadir notas de clase para uso de un grupo de estudiantes, introducir logos corporativos para uso con fines de marketing empresarial, etc. etc.

2. Buscamos libros descatalogados de otras editoriales y los reeditamos en tiradas cortas a petición de un cliente.

www.ingramcontent.com/pod-product-compliance
Lightning Source LLC
Chambersburg PA
CBHW020551130626
46552CB00007B/2848